2024년 10월 30일 1판 1쇄 **펴냄**
2024년 10월 25일 1판 1쇄 **인쇄**

펴낸곳 (주)효리원
펴낸이 윤종근
글 HR 기획 · **그림** 강진호, 박정제, 손종근
등록 1990년 12월 20일 · **번호** 2-1108
우편 번호 03147
주소 서울시 종로구 삼일대로 457, 406호
전화 02)3675-5222 · **팩스** 02)765-5222

ⓒ2024, (주)효리원

잘못 만들어진 책은 구입하신 서점에서 바꾸어 드립니다.
ISBN 978-89-281-0798-8 74810

이메일 hyoreewon@hyoreewon.com
홈페이지 www.hyoreewon.com

유머

HR기획 글 / 강진호 외 그림

차례

때린 이유 ……… 8
외국인과 할머니 ……… 9
대머리라서 ……… 10
지하철 ……… 11
건망증 1 ……… 12
건망증 2 ……… 14
머니(Money) ……… 15
조폭의 복통 ……… 16
할머니와 할아버지 ……… 17
그래, 그렇다니까 ……… 18
배꼽 빠지게 웃긴 코너 ……… 20
세상의 모든 착각들 ……… 22
변기 안에 돈이 빠졌을 때 ……… 24
소금이 갑 ……… 25
이제 감자를 심으시오 ……… 26
웃기는 놈이 더 나빠! ……… 28
고해 성사 ……… 29
황당한 답안지 ……… 30
톡 쏘는 이 맛 ……… 32
배꼽의 개수 ……… 33
명의 ……… 34
사모님과 비서 ……… 36
영화관에서 ……… 38
모두 사망 ……… 39
배꼽 빠지게 웃긴 코너 ……… 40
이름 맞히기 ……… 42
형편 ……… 43
아하, 그렇군! ……… 44
장난감은 누구에게 ……… 46
도장 ……… 47
삶은? ……… 48
내일 ……… 49

정육점 주인과 변호사 ···· 50	요구 조건 ···· 79
가장 썰렁한 유머 ···· 52	배꼽 빠지게 웃긴 코너 ···· 80
빼빼로와 칸쵸 ···· 54	콜라병 ···· 82
갈치가 천 원! ···· 56	의사 처방 ···· 84
찬송가 ···· 58	적군 생포 ···· 86
게 섰거라 ···· 59	자랑할 걸 자랑해 ···· 88
배꼽 빠지게 웃긴 코너 ···· 60	모지란의 미소 ···· 90
아픈 이유 ···· 62	IQ 40 이하 개구리 ···· 92
신 나는 이야기 ···· 63	과일 샐러드 ···· 93
구덩이 파기 ···· 64	처음 보는 벽시계 ···· 94
요즘 사람들 ···· 65	눈물 나는 책 ···· 95
귀한 머리카락 ···· 66	가난이 죄 ···· 96
흥부와 놀부 ···· 68	이 사람이 아빠? ···· 97
내가 아는 이순신 ···· 70	만병통치약 ···· 98
고수익 아르바이트 ···· 72	배꼽 빠지게 웃긴 코너 ···· 100
숨만 쉬었는데? ···· 74	여기는 외과 ···· 102
팬티를 입은 이유 ···· 76	진짜 장님 ···· 104
영국 전화기 ···· 77	큰 병 ···· 106
똥차 ···· 78	돈이 떨어지면 ···· 107

언제나 스물다섯 … 108	걱정도 병 … 133
두 번 실수는 안 돼 … 109	게으른 주인 … 134
결혼의 미래형 … 110	말썽꾸러기 … 135
버스 몇 번 타야지? … 111	요즘 젊은 사람들 … 136
내릴 때는 벨을 … 112	연상 게임 1 … 138
겨우 절반 … 114	연상 게임 2 … 139
자장가 … 116	배꼽 빠지게 웃긴 코너 … 140
외국어 … 117	물가와 성적 … 142
치마가 짧아서 … 118	섭섭함 … 143
배꼽 빠지게 웃긴 코너 … 120	식사 전 기도 … 144
억울한 남편 … 122	기절 이유 … 145
시간 낭비 … 124	나쁜 아빠 … 146
농부의 한마디 … 125	탁구 … 147
오리알을 낳은 암탉 … 126	학교에 가야 하는 이유 … 148
이발소에서 … 127	건망증 … 149
결혼할래? … 128	구두쇠와 노랭이 … 150
부인의 핑계 … 129	몰래 본 편지 … 152
백만 명의 기절 … 130	앞문 닫아 … 154
불치병 … 132	흰 머리카락 … 155

569번 ········· 156	효자 ········· 182
편지 ········· 157	병원에 간 사오정 ·· 183
동서양의 차이 ····· 158	닭이 먼저냐 달걀이 먼저냐 · 184
배꼽 빠지게 웃긴 코너 ··· 160	채소 삼행시 ······ 186
오해를 풀려고 ····· 162	가나다 삼행시 ····· 188
감자의 눈 ······· 163	아이스크림 삼행시 ··· 190
좋은 낚시터 ······ 164	가족 삼행시 ······ 191
효과 없는 화장품 ··· 166	음식 삼행시 ······ 192
벨 때문에 ········ 167	동물 삼행시 ······ 194
마찬가지다 ······· 168	한 초등학생의 글짓기 · 195
시험에 들지 않게 하옵시며 · 170	아니, 왜 꺼? ······ 196
있수깡 ········· 172	동화의 악영향 ····· 197
칼이 없어 ········ 173	무서운 할머니 ····· 198
꼬리를 흔드는 이유 ·· 174	주례비는 얼마? ···· 200
수업 시간 ········ 175	원숭이 나라의 애국가 · 202
독신을 고수하라 ··· 176	영어 시간 ········ 204
사다리 ········· 178	지하철에서 ······· 205
호박 줄기 ······· 179	배꼽 빠지게 웃긴 코너 ··· 206
배꼽 빠지게 웃긴 코너 ··· 180	

때린 이유

엄마 : 아들, 이리 와 봐!
아들 : 넵, 엄마!
엄마 : 너, 옆집 하하를 왜 때렸니?
　　　눈이 멍이 들었더라!
아들 : 아, 그거요. 쌍둥이라 구별이
　　　안 돼 표시한 거예요.

외국인과 할머니

한 외국인과 경상도 할머니가 버스 정류장에서 버스를 기다리고 있었다.
얼마 후 버스가 오자 할머니가 급히 가방을 들며 혼잣말을 했다.

할머니 : 왔데이~.

외국인 : 먼데이!(월요일)

할머니 : 버스데이~.

외국인 : 콩그레추레이션스!(축하합니다!)

대머리라서

주례 : 신랑은 검은 머리가 파뿌리가
   되도록 신부를 사랑하겠는가?
신랑 : 그…… 글쎄요. 그렇게는
   못 하겠는데요.
주례 : 뭐라고? 자네 지금 농담하나?
신랑 : 말씀드리기 송구스럽지만,
   저는 대머리거든요.

지하철

한 학생이 지하철을 타고 학교에 가는데 어떤 아저씨가 물었다.
"학생, 이 지하철 기름으로 가는 거 맞지?"
그러자 학생은 어이가 없다는 표정을 지으며 말했다.
"뭐라고요? 지하철은 전기로 가는 거거든요!"
그때 지하철 안내 방송이 울렸다.
"다음 역은 길음, 길음역입니다!"

건망증 1

건망증이 아주 심한 남자가 있었다.
어느 날 그는 서울역으로 가기 위해 택시를 탔다.
"서울역으로 가 주세요."
달리는 택시 안에서 창밖을 보고 있던 남자는 깜짝 놀랐다. 순간 자신이 어디로 가고 있는지를 잊어버린
것이었다.

남자는 망설이다 택시 기사에게 물었다.
"저, 아저씨 죄송한데요, 제가 어디로 가자고 했죠?"
그러자 택시 기사가 흠칫 놀라며 말했다.
"앗, 당신 언제 탄 거야?"

건망증 2

건망증이 심한 아버지가 출근 준비를 서둘렀다. 서류 가방을 챙기고, 자동차 키를 챙기고, 머리를 손질하고 집을 나섰다. 그러다 뭔가를 빠뜨려 집으로 전화를 걸었다.
"전화가 왜 이렇게 안 되는 거야! 이놈의 전화기는 툭하면 말썽이야!"
그날 집에 있던 식구들은 리모컨을 찾느라 온종일 집 안을 샅샅이 뒤졌다.

머니(Money)

돈을 영어로 하면? —— 머니
도둑이 훔쳐 간 돈은? —— 슬그~머니
달걀 살 때 준 돈은? —— 어그~머니
생각만 해도 찡한 돈은? —— 어~머니
아이가 좋아하는 돈은? —— 할머니~
며느리가 싫어하는 돈은? —— 시어~머니

조폭의 복통

조폭이 병원 응급실로 실려 왔다.
간호사가 조폭에게 물었다.
"환자분, 어디가 아프세요?"
"배, 배가 많이 아파요!"
조폭의 대답을 들은 간호사는 급히 의사를 불렀다.
달려온 의사는 급히 조폭의 배를 들춰 보더니 말했다.
"으음~, 불·량·배·군!"

할머니와 할아버지

할머니와 할아버지가 음악을 틀어 놓고 식사를 하고 있었다. 그런데 할머니 귀에 익지 않은 곡이 흘러나왔다.
할머니가 할아버지에게 물었다.
할머니 : 이 곡이 무슨 곡이에요?
할아버지 : 응, 돼지고기.

그래, 그렇다니까

🌼 티끌 모아 봐야 티끌이다.

🌼 가는 말이 고우면 사람을 얕본다.

🌼 잘생긴 놈은 얼굴값 하고 못생긴 놈은 꼴값한다.

🌼 공부는 실수를 낳지만 찍기는 기적을 낳는다.

❄ 일찍 일어나는 새가 더 피곤하다.

❄ 일찍 일어난 벌레는 잡아먹힌다.

❄ 늦었다 생각할 때는 이미 늦은 거다.

❄ 고생 끝에 골병든다.

힌트1. 상은 상인데 받고 싶지 않은 상.
힌트2. 맞거나 부딪쳤을 때 받는 상.

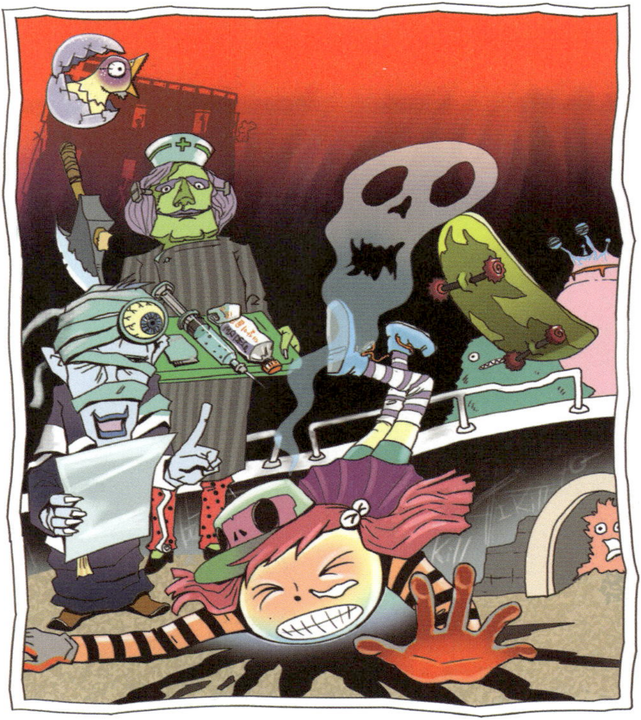

정답 : 부상

왼쪽 그림을 본 뒤 오른쪽 그림에서 다른 곳 5군데를 찾아봐!
뭐, 그닥 어렵지 않지? 근데 저 귀신 좀 카리스마 있다!

      : 답은

세상의 모든 착각들

❁ 인터넷 광고 회사의 착각

광고 창을 계속 뜨게 만들면 언젠가는 접속해 주는 줄 안다.

❁ 실연한 사람들의 착각

자신의 경우가 세상에서 제일 비참한 줄 안다.

❁ 엄마들의 착각

자기 애가 머리는 좋은데 공부를 안 해서 공부를 못하는 줄 안다.

❄ 학생들의 착각

　앞사람 등 뒤에 엎드려서 선생님이 안 보이면, 선생님도 자기가 안 보이는 줄 안다.

❄ 여자들의 착각

　남자가 자기한테 말을 걸면 작업인 줄 안다.

❄ 이 글을 읽고 있는 사람들의 착각

　자기는 아닌 줄 안다.

변기 안에 돈이 빠졌을 때

10원짜리가 빠졌을 때 ——— 수수방관

500원짜리가 빠졌을 때 ——— 자포자기

1,000원짜리가 빠졌을 때 ——— 우왕좌왕

5,000원짜리가 빠졌을 때 ——— 안절부절

10,000원짜리가 빠졌을 때 ——— 이판사판

100,000원짜리 수표가 빠졌을 때 — 사생결단

소금이 갑

라면과 참기름이 마트를 털었다.
결과는 완전 범죄!
그런데 얼마 후 경찰이 라면을 잡아갔다.
알고 보니 참기름이 고소를 한 거였다.
그런데 며칠 뒤 참기름도 잡아갔다.
알고 보니 라면이 불은 거였다.
그런데 더 놀라운 일이 벌어졌다.
알고 보니 이 모든 것은 바로~ 소금이 짠 일이었다.

이제 감자를 심으시오

스코틀랜드의 아내가 전쟁터에 있는 남편에게 편지를 보냈다.

감자밭을 갈 일꾼 두 명이
필요한데, 구할 수가 없어
걱정이에요.

곧 남편으로부터 답장이 왔다.

여보, 밭을 갈아서는 절대 안 돼요.
땅속에 무기가 들어 있단 말이오. 알겠소?

며칠 후 헌병 네 사람이 오더니 다짜고
짜로 밭을 구석구석 파헤쳤다.
아내는 남편에게 편지를 썼다.

무슨 까닭인지 헌병들이 와서 밭을 구석구
석 파헤쳐 놓았어요.

그러자 곧 남편의 답장이 도착했다.

사랑하는 나의 아내여!
이제는 감자를 심도록 하시오!

웃기는 놈이 더 나빠!

선생님이 수업을 하고 있는데, 갑자기 아이들이 킥킥거리기 시작했다. 알고 보니 선생님의 바지 엉덩이 쪽에 구멍이 나 있었던 것이다.
선생님이 소리를 쳤다.
"웃지 마!"
그래도 학생들이 계속 웃자 선생님이 이렇게 말했다.
"도대체 누가 계속 웃기는 거야! 웃는 놈보다 웃기는 놈이 더 나빠!"

고해 성사

성당의 고해실에 한 남자가 술 냄새를 풍기며 들어왔다.
고해를 기다리던 신부님은 남자가 말이 없자 인기척을 냈다.
그래도 남자는 아무 말이 없었다.
신부님은 벽을 똑똑 두드리면서 어서 고해를 하라고 신호를 보냈다.
그러자 남자가 벌컥 화를 내면서 말했다.
"두들겨도 소용없어요.
여기도 화장지 없다고요!"

황당한 답안지

1. ○○초등학교 체육 시험

〈문제〉

올림픽 종목에는
(   ), (   ), (   ), (   )이(가) 있다.

정답 : (육상), (수영), (체조), (권투) 등등

학생 답 :

올림픽 종목에는
(여), (러), (가), (지)가 있다.

2. ○○초등학교 자연 시험

〈문제〉

개미를 세 등분으로 나누면
( ), ( ), ( ).

정답 : (머리), (가슴), (배)

학생 답 :

개미를 세 등분으로 나누면
(디), (진), (다).

톡 쏘는 이 맛

개구리 형제가 살고 있었다.

동생 개구리는 항상 파리와 잠자리만 잡아먹는데, 형 개구리는 파리 따위는 거들떠보지도 않고 매일 벌만 잡아먹었다.

어느 날, 이것을 이상히 여긴 동생 개구리가 형에게 물었다.

"형은 무슨 맛으로 벌만 잡아먹어?"

그러자 형 개구리가 말했다.

"톡 쏘는 바로 이 맛 때문이야. 아마 넌 모를걸?"

배꼽의 개수

배꼽이 두 개인 여자가 그 사실을 숨기고 결혼을 했다.
첫날밤, 걱정이 되어 견딜 수가 없었던 여자는 이 사실을 신랑에게 고백하기로 했다.
"저……, 사실은 당신과 저의 배꼽을 합치면 모두 세 개예요."
그러자 신랑이 깜짝 놀라 물었다.
"엥? 그럼 당신은 배꼽이 없단 말이오?"

명의

아름다운 아가씨가 의사에게 말했다.
"선생님, 전 방귀를 너무 많이 뀌어요. 다행히 냄새도 없고 소리도 나지는 않지만요. 지금도 벌써 연속 세 방을 '뽕뽕뽕!' 뀌었답니다."
고개를 끄덕이며 듣고 있던 의사는 아가씨에게 처방전을 주며 일주일 뒤 다시 오라고 했다.

일주일 후 다시 온 아가씨가 말했다.
"선생님, 도대체 저에게 어떤 약을 처방하신 거예요? 제 방귀에서 지독한 냄새가 나기 시작했어요!"
그러자 의사가 반갑게 말했다.
"오, 드디어 코는 치료가 되었군요. 이제 당신은 귀만 치료하면 됩니다."

사모님과 비서

어느 미술관에 부잣집 사모님이 비서를 데리고 들어왔다.
사모님은 비서에게 잘난 척이 하고 싶었다.
사모님 : 어머, 마네의 그림이네!
비서 : 모네의 그림입니다.
사모님 : 역시 모네 그림이 좋아.
비서 : 그건 고흐의 그림입니다.

무안해진 사모님은 말없이 그림을 둘러보았다.
그러다 어느 그림 앞에서 자신 있는 목소리로 말했다.
사모님 : 호호호, 피카소 그림이네!
비서 : 그건 거울에 비친 사모님 얼굴입니다.

영화관에서

슈렉 : 화면 잘 보이니?
판다 : 응, 잘 보여.
슈렉 : 앞에 가리는 사람 없어?
판다 : 응, 아무도 안 가려.
슈렉 : 자리는 편안해?
판다 : 응, 아주 편안해.
슈렉 : 그럼, 나랑 자리 바꾸자!

모두 사망

버스가 높은 산길을 지나다가 그만 뒤집혀서 벼랑으로 굴러떨어졌다. 그런데 다행히 다친 사람은 한 사람도 없었다. 왜일까?

답 : 모두 사망했기 때문에

물건이나 돈을 아끼지 않고
헤프게 쓰는 사람에게만 내리는 비는?
너무 쉬워서 이게 무슨 문제야 하는 사람!
그런 사람은 0.5초 내로 답을 말해 봐!

정답 : 헤프닝 또는 해프닝

힌트1. 물에 살며 날지 못하는 제비.
힌트2. 먹을 수 있는 제비.

정답 : 수제비

이름 맞히기

영희네 집에는 식구들이 많다. 형제만 해도 모두 8명인데 이름이 첫째부터 빨, 주, 노, 초, 파, 남, 보였다. 자, 그럼 여기서 문제! 나머지 한 명의 이름은 무엇일까?

답 : 영희

형편

한 아이의 형이 친구들과 싸우자 동생이 할머니에게 달려가 말했다.
동생 : 할머니, 도와주세요.
　　　형이 지금 친구들하고 싸워요!
할머니 : 지금 형편이 어떻더냐?
동생 : 형 편은 한 명도 없어요!

아하, 그렇군!

❋ 가장 멋없는 춤은? 엉거주춤
❋ 운전기사가 가장 싫어하는 춤은?
　우선멈춤
❋ 사람에게 배꼽이 있는 이유는?
　앞뒤를 구별하기 위해서
❋ 제비족들이 싫어하는 옛날 사람은?
　놀부(다리를 부러뜨렸으니까)
❋ 돼지띠 동갑내기 부부 침실을
　네 글자로 하면? 돼지우리
❋ 절벽에서 떨어지다가, 나무에 걸려
　살아난 사람은? 덜 떨어진 사람

❄ 만 원짜리와 천 원짜리가 길에 떨어져 있으면, 어느 걸 주워야 할까?

둘 다

❄ 하늘에 달이 없으면 어떻게 될까?

날 샜다.

❄ 산삼은 언제 캐는 것이 좋을까?

보는 즉시

❄ 머리 둘레에 머리카락이 없는 사람은? 주변머리가 없는 사람

❄ 죽었다, 깨어나도 못하는 것은?

죽었다 깨어나는 것

장난감은 누구에게

6남매를 둔 아빠가 장난감 하나를 사 가지고 와서 아이들에게 말했다.
"엄마가 시키는 일도 제일 잘하고, 엄마 말도 제일 잘 듣고, 엄마한테 말대꾸도 절대 안하는 사람한테 이 장난감을 주겠다."
그러자 아이들이 울상을 지으며 외쳤다.
"에잇, 그럼 아빠잖아!"

도장

시골에서 올라온 할머니가 도장을 잃어버렸다. 할머니는 도장을 다시 만들려고 도장 만드는 집을 찾아다녔다.
"이 넓은 도시에 도장집이 하나도 없나?"
여기저기 한참을 돌아다닌 할머니는 드디어 한 건물의 2층에 있는 태권도장을 발견하고, 안으로 들어가 말했다.
"이보슈, 얼른 도장 하나만 파 주슈!"

삶은?

"오늘 숙제는 '삶은 무엇인가?'예요. 각자 생각하는 답을 적어 오세요."
숙제가 어려워 끙끙 앓던 아이는 머리도 식힐 겸 산책을 나갔다.
분식집 앞을 지나던 아이는 갑자기 "아하!" 하더니 집으로 달려갔다.
아이는 숙제 공책을 펼치더니 이렇게 썼다.

"삶은 달걀!"

내일

선생님께서 '내일'이라는 말을 넣어 짧은 글짓기를 해 오라고 숙제를 냈다.
아이는 밤이 다 되도록 숙제는 하지 않고 빈둥거리기만 했다.
보다 못한 엄마가 핀잔을 주었다.
엄마 : 숙제는 언제 할 거니?
아이 : 내 일이니까 참견 마세요.

정육점 주인과 변호사

변호사가 키우는 애완견이 동네 정육점으로 들어가 고깃덩어리를 물고 도망쳤다. 화가 난 정육점 주인은 냅다 변호사 사무실로 달려가 말했다.
"변호사 양반! 만약 남의 개가 정육점에 들어와 고기를 훔쳐 갔다면 개 주인한테 고깃값을 요구할 수 있나요?"
"아, 그야 당연하지요."
"오, 잘됐군. 그럼 만 원만 주슈. 방금 전

당신 개가 우리 가게에서 고기 한 덩이를 물고 달아났소."
변호사는 아무 말 없이 정육점 주인에게 만 원을 내주었다.
그리고 며칠 후 정육점 주인 앞으로 한 통의 편지가 도착하였다. 편지는 변호사가 보낸 것이었다. 그 안에는 청구서가 들어 있었는데 이렇게 적혀 있었다.

변호사 상담료 : 10만 원

가장 썰렁한 유머

가장 썰렁한 남자는? 춥군

가장 썰렁한 여자는? 추운걸

가장 썰렁한 섬은? 추워도

가장 썰렁한 용은? 추워용

가장 썰렁한 새는? 춥세

가장 썰렁한 소는? 추워하소

가장 썰렁한 거지는? 추운 거지

가장 썰렁한 쇼는? 추워하쇼

가장 썰렁한 아줌마는? 춥네

가장 썰렁한 보리는? 추워보리

가장 썰렁한 국수는? 추워보면

가장 썰렁한 날은? 춥데이

가장 썰렁한 전쟁은? 추워

가장 오랫동안 썰렁한 것은? 춥지롱

가장 썰렁하게 큰 머리는? 춥대두

내가 추우면? 춥나

너도 추우면? 추워유

빼빼로와 칸쵸

빼빼로는 나오고 얼마 지나지 않아 과자의 정상에 우뚝 섰다. 하지만 얼마 지나지 않아 칸쵸에게 자리를 빼앗기고 말았다. 화가 난 빼빼로는 칸쵸를 없애 버리기로 마음먹었다.

캄캄한 밤, 빼빼로는 칸쵸를 찾아내 회심의 일격을 가했다. 칸쵸는 배에서 초콜릿을 흘리며 쓰러졌다.
그런데 다음 날 믿을 수 없게도 저만치에서 칸쵸가 다가오는 게 아닌가?
빼빼로는 깜짝 놀라 할 말을 잃었다.
빼빼로에게 다가온 칸쵸는 침울한 표정으로 말했다.
"어제 홈런볼 형님이 돌아가셨다."

갈치가 천 원!

한 할머니가 혼자 길을 가고 있었다.
그런데 어디선가
"같이 가 처녀! 같이 가 처녀!"
라는 소리가 들렸다.
할머니는 주위를 둘러보았지만 아무도 없었다.

집에 돌아온 할머니는 아들에게 낮에 있었던 일을 자랑하듯 말했다.

"누가 나더러 처녀라고
하더구나. 호호호, 아직 내 뒷모습이
처녀 같은가 보구나!"
그러자 아들은 할머니의 귀를 걱정하여 보청기를 해 드렸다.
며칠 뒤 보청기를 낀 할머니는 지난번 그 길을 또 지나가게 되었다.
그때 어디선가 이런 소리가 들려왔다.

"갈치가 천 원, 갈치가 천 원!"

찬송가

어느 날, 난생처음으로 진짜 소를 본 아이가 있었다. 아이는 넓적한 소 엉덩이를 보자 그냥 지나갈 수가 없었다. 그래서 냅다 소 엉덩이를 발로 걷어차고는 도망을 쳤다.

그것을 본 소 주인이 소를 끌고 와 아이 할머니에게 따지기 시작했다.

그러자 할 말이 없어진 할머니가 아이를 돌아보며 말했다.

"이 소가 니가 아까 찬 송가(손가)?"

게 섰거라

우당탕탕, 헉헉헉!
경찰이 도둑을 쫓으며 소리쳤다.
"게 섯거라!"
그때 마침 그 옆에 있던 꼬마가 경찰의 외침을 듣고는 재빨리 애견숍으로 달리기 시작했다. 그러고는 개들을 마구 쉬기 시작했다.

그림을 잘 보고 30초 안에 끝말잇기를 완성해 봐!
어라? 이건 더 쉬운 문제! 뇌가 말랑말랑해질걸?

정답 : 1. 상어-어부-부채 / 2. 간호사-사진관-관찰

아픈 이유

환자 : 으아악~!

치과 의사 : 엄살 좀 그만 피워요. 아직 이는 건드리지도 않았어요.

환자 : 그게 아니라, 선생님이 지금 내 발을 밟고 있단 말이에요!

신 나는 이야기

내가 신 나는 이야기 하나 해 줄까?
전선 위에 참새 한 마리가 앉아 있었어. 그때 아이가 신발을 벗어 참새를 향해 던졌어. 그러고는 이렇게 외쳤어.
"야, 신 난다!"
신 나는 이야기 끝!

구덩이 파기

바보 일꾼이, 바보 주인 밑에서 일을 하고 있었다.
바보 주인은 바보 일꾼한테 땅에 구덩이를 파라고 시켰다.
"판 흙은 어떻게 해요?"
바보 일꾼이 물었다.
그러자 바보 주인이 대답했다.
"으이구, 바보. 구덩이를 하나 더 파서 묻으면 되잖아."

요즘 사람들

경찰이 물건을 훔친 도둑에게 물었다.
경찰 : 이걸 모두 당신 혼자 옮겼소?
도둑 : 그럼요, 요즘 사람들은 모두 도둑놈 같아서 어디 믿을 수가 있어야지요.

귀한 머리카락

머리카락이 두 개뿐인 사람이 이발소에 갔다.
손님 : 가르마 타 주세요.
이발사 : 넵!
그런데 이발사의 실수로 머리카락 한 올이 빠져 버렸다.
손님 : 조심하셔야죠! 파마나 해 줘요.
이발사 : 넵!

이발사가 열심히 파마를 하던 중 또 실수를 하여 남은 머리카락 한 올마저 뽑아버리고 말았다.
그러자 손님이 체념을 한 듯 말했다.
"할 수 없지. 머리에 광이나 내 줘요."

흥부와 놀부

해가 저물자, 아버지가 놀부와 흥부 형제를 불러 말했다.

아버지 : 놀부야, 오늘 무엇을 했느냐?

놀부 : 불난 집에 부채질, 우는 아이 꼬집기, 옆집 개 반쯤 죽이기, 제비 다리 부러뜨리기 등 여러 가지를 하며 하루를 보냈어요.

아버지 : 흥부는 무엇을 했느냐?
흥부 : 저는 형이 하는 짓을 말리다 보니 하루해가 다 저물었어요.

내가 아는 이순신

학교에서 선생님이 이순신 장군 이야기를 하다 갑자기 졸고 있는 아이에게 질문을 하셨다.

선생님 : 너, 이순신 장군에 대해 얘기해 봐.

아이 : 아, 순신이 형이요? 우리 형 친구예요.

선생님 : 그게 아니고 장군 이순신 말이야, 이순신 장군!

아이 : 네? 그 형이 장군 됐어요? 올~.

선생님 : 아니, 장군은 돌아가신 지 오래 됐어!

아이 : 죽었어요? 에휴, 아깝네요. 젊은 나이에…….

고수익 아르바이트

서울 대공원의 아르바이트 수당이 높다는 소문을 듣고 한 대학생이 서울 대공원에 갔다.
담당자는 친절하게 아르바이트 설명을 해 주었다.
담당자 : 수당이 10만 원, 20만 원, 60만 원짜리가 있는데, 어느 것을 선택하실래요?
학생 : 하는 일이 뭔데요?

담당자 : 10만 원짜리는 코끼리 잠들 때까지 업어 주기, 20만 원짜리는 호랑이 이빨 닦아 주기, 60만 원짜리는 개미 목욕시키기입니다."

숨만 쉬었는데?

꼬마가 학교에 가려고 버스를 탔다.
다음 정거장에서 뚱뚱한 아주머니가 탔는데, 사람들을 비집고 들어와 꼬마 뒤에 섰다.
그런데 아주머니가 자꾸 꼬마를 밀었다. 꼬마가 뒤를 돌아보며 쏘아붙였다.
"아, 정말! 밀지 좀 말아요!"

그래도 아주머니는 자꾸만 꼬마를 밀었다. 참다못한 꼬마가 소리를 쳤다.
"아, 진짜. 왜 자꾸 미는 거예요!"
그러자 뚱뚱한 아주머니가 말했다.
"왜 그러니? 난 숨만 쉬고 있었는데?"

팬티를 입은 이유

개구리 세 마리가 있었다.
한낮이 되어 날씨가 더워지자 개구리들은 옷을 훌훌 벗고 연못 속으로 뛰어들었다. 그때 연못가를 지나던 사람이 고개를 갸우뚱하며 말했다.
"아니, 다른 개구리들은 다 벗었는데 너는 왜 팬티를 입고 있니?"
그러자 그 개구리가 말했다.
"헤헤, 지는 때밀이걸랑요."

영국 전화기

좀 멍청한 일본 아이가 영국 공항에 도착해 형에게 전화를 했다.
아이는 서툰 영어로 더듬더듬 자기가 비행기를 타고 온 이야기를 했다.
그러자 가만히 듣고 있던 형이 말했다.
"이시키, 왜 일본말로 하지 않고 영어로 말해?"
"뭐라고? 진타루 형, 영국 전화기인데 일본말이 통해?"

똥차

정류장에 정차한 지 10분이 되었는데도 버스가 떠나지를 않자, 화가 난 승객이 따졌다.

손님 : 이봐요, 운전기사! 이 똥차 언제 떠날 거요?

운전기사 : 똥이 다 차야 떠나죠.

요구 조건

한 멍청한 사나이가 군사용 잠수함을 나포 (사람이나 배, 비행기 등을 사로잡음)하였다.
사나이는 자신의 요구 조건을 들어주면 잠수함을 돌려주겠다고 했다.
사나이의 요구 조건은 다음과 같았다.

현금 5억과 탈출용 낙하산을 가져다 달라!

버스에 사람이 아무리 많아도 꼭 앉아 가는 사람은?

정답 : 운전기사

사람들이 가장 좋아하는 공은?

윤유 : 윤문

콜라병

남녀 대학생이 카페에서 소개팅을 하고 있었다.
남 : 제 이상형은 콜라병처럼 몸매가 예쁜 여자입니다.
여 : 어머, 그래요? 제 입으로 이런 말 하기는 그렇지만……, 남들이 저 보고 콜라병이라고 해요. 호호호! 아, 이거 쑥스럽네요!

남 : 아니, 댁같이 뚱뚱한 사람이 어떻게 콜라병이에요?

여 : 1.5리터 콜라병은 콜라병이 아니에요? 흥, 칫, 뽕!

의사 처방

환자가 병원에 왔다.
의사가 어디가 아프냐고 물었다.
환자 : 아파서 온 게 아니고 궁금한 게
  있어서 왔어요.
의사 : 그게 뭔가요?

환자 : 1년 전에 선생님이 저에게 물을 멀리하라고 말씀하셨어요.

의사 : 그래서요?

환자 : 이제 1년이 다 되었는데, 언제쯤 목욕을 해도 될까요?

적군 생포

어느 부대가 전쟁에서 크게 승리를 하여 축하 파티를 열었다.
음식을 잔뜩 차린 후 장군이 병사들에게 말했다.
"식탁 위에 있는 이 음식들을 적이라 생각해라. 그리고 적을 해치우듯 깨끗이 먹어 치워라. 모두 알겠나?"
병사들은 "알겠습니다!" 하고 외치더니 미친 듯이 음식을 먹어 치웠다.

그런데 한 병사만이 음식을 먹지 않고, 주머니에 음식을 집어넣고 있는 것이 아닌가!
장군이 궁금해서 그 병사에게 물었다.
장군 : 자네, 지금 뭘 하고 있는 건가?
병사 : 적군을 생포하고 있습니다!

자랑할 걸 자랑해

한 아이가 친구들에게 아빠의 새 자가용을 자랑했다.
"우리 아빠 차는 천장 뚜껑이 샤르륵 열린다."
"우아~, 멋지다!"
아이들이 박수를 치며 부러워했다.
그런데 그중 한 아이가 심드렁한 목소

리로 말했다.

"겨우 차 한 대 산 걸 가지고……. 야, 우리 아빠는 하루에 열 대도 더 사."

"뭐? 열 대? 와, 대단하다. 너의 아빠 뭐 하시는데?"

"응, 폐차장."

모지란의 미소

모지란이 사람들과 함께 버스 정류장에서 버스를 기다리고 있었다.
그런데 한 시간이 지나도록 버스가 한 대도 오지 않았다.
할 수 없이 모지란과 사람들은 근처 기차역으로 가서 기차를 탔다.
그런데 기차를 타자마자 기다렸던 버스가 세 대나 일렬로 가고 있는 것이

보였다.
사람들은 창밖 너머 버스를 향해 욕을 퍼부으며 씩씩거렸다.
하지만 모지란은 흐뭇한 미소를 지으며 이렇게 말했다.
"그래도 기차가 더 길어."

IQ 40 이하 개구리

IQ가 20, 30, 40인 개구리가 있었다. 어느 날 학교에서 시험을 치른 뒤 개구리들이 시험에 대한 이야기를 나눴다.

IQ 20 개구리 : 나, 시험지 백지 냈어.

IQ 30 개구리 : 뭐? 나도 백지 냈는데. 선생님이 네 것을 베꼈다고 혼내면 어쩌지?

IQ 40 개구리 : 휴~, 나도 백지를 냈지만 안심이다. 난 이름을 안 썼거든.

과일 샐러드

초등학교 1학년 수학 시간이었다.
선생님이 문제를 냈다.
"사과 한 개와 배 두 개, 그리고 오이 하나와 당근 세 개를 모두 둘로 쪼개서 합하면 어떻게 될까요?"
선생님이 문제를 내자마자 맨 앞에 앉은 학생이 손을 번쩍 들더니 말했다.
"과일 샐러드요."

처음 보는 벽시계

산골에서 올라온 할아버지가 벽에 걸려 있는 시계를 뚫어지게 바라보았다. 이상하게 생각한 손녀가 할아버지에게 물었다.
"할아버지, 뭘 그렇게 보고 계세요?"
그러자 할아버지가 대답했다.
"저렇게 큰 시계가 한 바퀴 돌리면 몇 시간이나 걸리나 보려고."

눈물 나는 책

여자아이가 책을 보며 훌쩍거리고 있었다. 그 모습을 본 남자아이가 물었다.

남자아이 : 왜 그러니?
여자아이 : 책이 너무 슬퍼서……. 흑흑.
남자아이 : 그래? 난 책을 읽기도 전에 눈물을 흘린단다.
여자아이 : 어떻게 그럴 수 있어?
남자아이 : 난, 책 표지만 봐도 하품이 나거든.

가난이 죄

2학년 수학 시간. 덧셈을 가르치신 선생님이 맹구에게 질문을 하셨다.

선생님 : 맹구야, 2+1은 얼마지?

맹구 : 지는 고런 거 잘 모르거든요.

선생님 : 아니, 이런 문제도 모르면서 어떻게 2학년에 올라왔어? 이런 문제는 유치원생도 다 푸는 문제야!

맹구 : 지는 가난해서 유치원을 안 다녔걸랑요.

이 사람이 아빠?

가족 앨범을 들여다보던 아이가 엄마에게 물었다.
"엄마 옆에 서 있는 이 아저씨는 누구야?"
엄마가 한숨을 쉬며 대답했다.
"그 사람이 바로 20년 전의 아빠야."
그러자 아이가 소파에 누워 텔레비전을 보고 있는 사람을 가리키며 물었다.
"어? 그럼 저 대머리 영감님은 누구야?"

만병통치약

어느 마을에 약장수가 와서 약을 팔고 있었다.

약장수 : 이 약으로 말씀드릴 것 같으면 신경통·요통·복통·두통 등 모든 병에 잘 듣는 만병통치약입니다.

구경꾼 : 그걸 어떻게 믿어요?

약장수 : 아직까지 이 약을 먹고 제게 불평을 한 사람은 한 명도 없습니다.

그때 구경꾼 한 사람이 나직이 말했다.

"죽은 자는 말이 없다."

된소리가 나는 단어만 따라가 미로를 탈출하라~!
시간은 단 1분, 탈출을 하지 못하면 미로에 갇히리라!

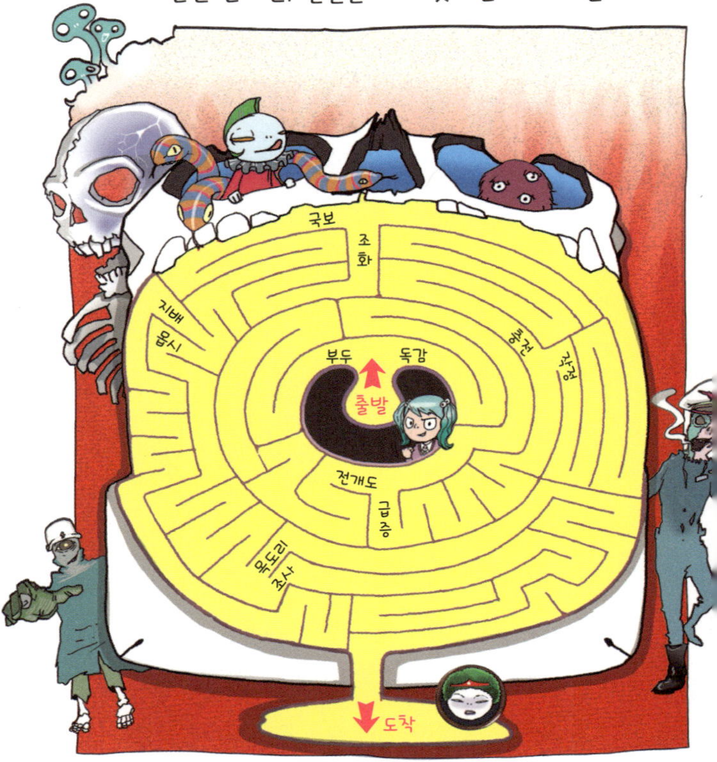

두 개로 나누면 뜻이 되지 않는 단어만 따라가라!
이번에도 길을 잃어버리면 미로에 갇히리라.
믿거나 말거나!

출발선 → 마무리
고무풍선
고구마
유통기한
비로소
사자춤
사투리
표지판
실랑이
신호등
강아지

정답 : 마무리-고구마-유통기한-비로소-사투리-실랑이

여기는 외과

어떤 사람이 귀에 화살이 꽂힌 채 의사에게 왔다.
의사는 급히 밖으로 나와 있는 화살을 자르더니 치료가 끝났다고 했다.
화가 난 환자는 귀를 들이밀며 의사에게 따져 물었다.

"이봐요, 아직도 귓속에 이렇게 화살이 있잖아요!"
그러자 의사가 담담히 말했다.
"여기는 외과입니다. 나머지는 내과에 가서 뽑으세요."

진짜 장님

한 여대생이 약속 장소에 늦게 나타나자 남자 친구가 폭풍처럼 화를 냈다. 그러자 여대생이 차분히 말했다.
"오다가 앞을 못 보는 장님을 만났는데, '어여쁜 아가씨, 근처에 지하철역이 어디인가요?' 하고 묻는 거야. 그래서 그 장님을 지하철역까지 모셔다 드리고 오느라 늦었어."

그러자 남자 친구가 비꼬듯 한마디 했다.
"그 사람 진짜 장님은 장님이구나. 너에게 어여쁜 아가씨라니!"

큰 병

어느 날 눈을 칭칭 감은 환자가 안과에 찾아왔다.
환자 : 제 눈이 이상해요. 흑흑!
그런데 검진을 해 보니 아무 이상이 없었다.
의사 : 대체 증상이 어떤가요?
환자 : 밤에 불을 켜지 않으면 하나도 볼 수가 없어요. 흑흑!

돈이 떨어지면

한 남자가 헐레벌떡 뛰어와 가스로 버스에 올라탔다.
그런데 지갑에 돈이 한 푼도 없었다.
남자 : 어쩌죠? 돈이 떨어졌어요…….
운전사 : 참 나, 주워서 내면 되잖아요!

언제나 스물다섯

흥겨운 파티가 열리고 있었다.
한 남자가 어떤 여자의 나이를 물었다.
"스물다섯이에요."
그러자 남자가 고개를 갸우뚱하며 말했다.
"어럽쇼! 5년 전에도 나에게 스물다섯이라고 했는데요?"
그러자 여자가 하는 말,
"아니, 그럼 당신은 내가 쉽사리 마음이 변하는 그런 여자인 줄 아세요?"

두 번 실수는 안 돼

엄마에게 용돈을 받은 아빠가 갑자기 화를 버럭 냈다.

아빠 : 이번 달 용돈에서 5000원이 모자라잖소!

엄마 : 지난번에 5000원이 더 들어갔을 때는 아무 말 안 했잖아요!

아빠 : 한 번 실수는 봐주지만 두 번 실수는 봐줄 수 없소!

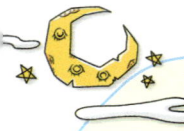

결혼의 미래형

부모님의 이혼으로 할머니와 사는 아이가 있었다.
국어 시간에 선생님이 시제에 대해서 설명을 하고 있었다.
"결혼한다의 미래형은……."
그때 할머니와 사는 아이가 말했다.
"이혼입니다."

버스 몇 번 타야지?

오랜만에 서울에 온 남자가 버스를 기다리다 옆에 있던 학생에게 물었다.
남자 : 여의도 가려면 몇 번 타야 돼?
학생 : 한 번요.

내릴 때는 벨을

한 여고생이 밤늦게 버스를 탔다. 너무 피곤했던 여학생은 자리에 앉자마자 잠이 들어 버렸다.

한참이 지난 후 잠이 깬 여학생은 버스 안을 둘러보고 깜짝 놀랐다. 버스 안에 승객이 자기뿐이었던 것이다. 캄캄한 밤, 버스는 모르는 길을 달리고…….

두려움에 떨던 여학생은 벌떡 일어나 소리쳤다.

"캬아악, 내려 주세요. 아저씨, 이러시면 안 돼요."

여학생은 운전기사 아저씨가 나쁜 짓을 하려는 것으로 생각했던 것이다.
그러자 운전기사 아저씨가 더 화난 목소리로 말했다.
"벨을 눌러야 문을 열어 주지!"

겨우 절반

버스 맨 앞자리에 할머니가 앉아 있었다. 할머니는 버스가 정류장에 설 때마다 운전기사에게 물었다.
"감골은 아직 멀었수?"
"할머니, 감골에 도착하면 제가 알려 드릴 테니 기다리세요."
한참을 달리던 운전기사는 깜박하고 감골을 지나치고 말았다.
운전기사는 얼른 버스를 돌려 감골로 되돌아가 할머니에게 말했다.

"할머니, 감골이에요. 내리세요."
그러자 할머니가 말했다.
"어휴~, 이제 절반 왔구먼. 여기까지 오면 절반 온 거라우."

자장가

보채는 아기를 재우려고 엄마가 아기를 안고 자장가를 불렀다.
"잘 자라, 내 귀여운 아가……."
얼마 동안 그렇게 노래를 부르고 있는데, 아기가 눈을 번쩍 뜨며 말했다.
"엄마, 그 노래 지금 꼭 불러야 돼? 시끄러워서 도저히 잠을 잘 수가 없어."

외국어

학교에서 돌아온 강아지한테 어미 개가 물었다.
"오늘은 뭘 배웠니?"
"외국어요."
"어디, 배운 것 좀 한번 말해 보렴."
"야~옹."

치마가 짧아서

네 살배기 아이가 길을 잃고 엉엉 울고 있었다.
때마침 경찰 아저씨가 지나가다 울고 있는 아이를 발견하였다.
"얘, 너 집이 어디니?"
경찰 아저씨가 물었다.
"몰라요. 흑흑……."
아이가 울며 대답했다.
그러자 경찰 아저씨가 혀를 차며 말했다.

"집을 모르면 엄마의 치맛자락이라도 꼭 잡고 따라다닐 것이지! 쯧쯧."
그 말을 들은 아이가 볼멘소리로 말했다.
"우리 엄마 치마는 너무 짧아서 잡을 수가 없단 말이에요!"

배꼽 빠지게 웃긴 코너

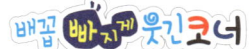

자주 만나 함께 일하는 단어를 사다리를 타고 내려가 찾아봐!

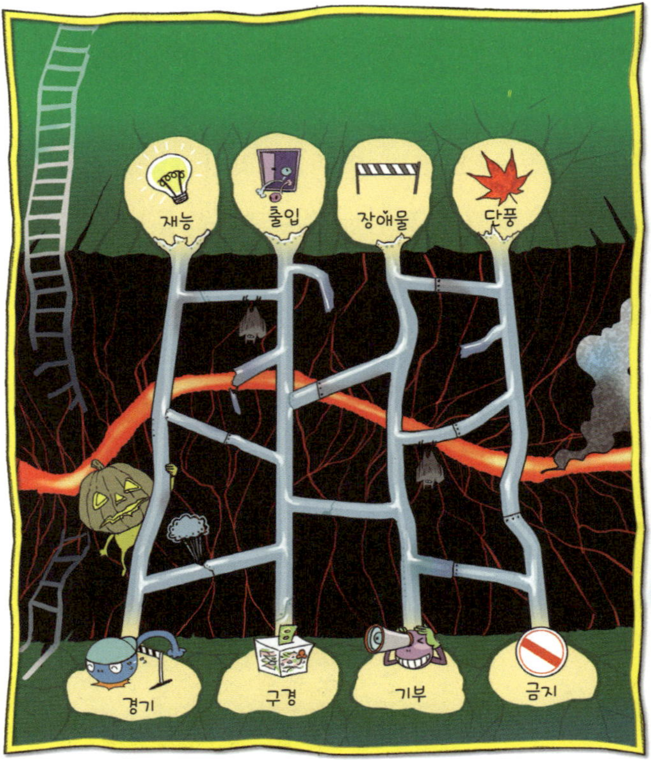

정답 : 재능 기부 / 출입 금지 / 장애물 경기 / 단풍 구경

사다리를 타고 내려가서 정반대되는
두 개의 낱말이 합쳐진 낱말을 만들어봐!

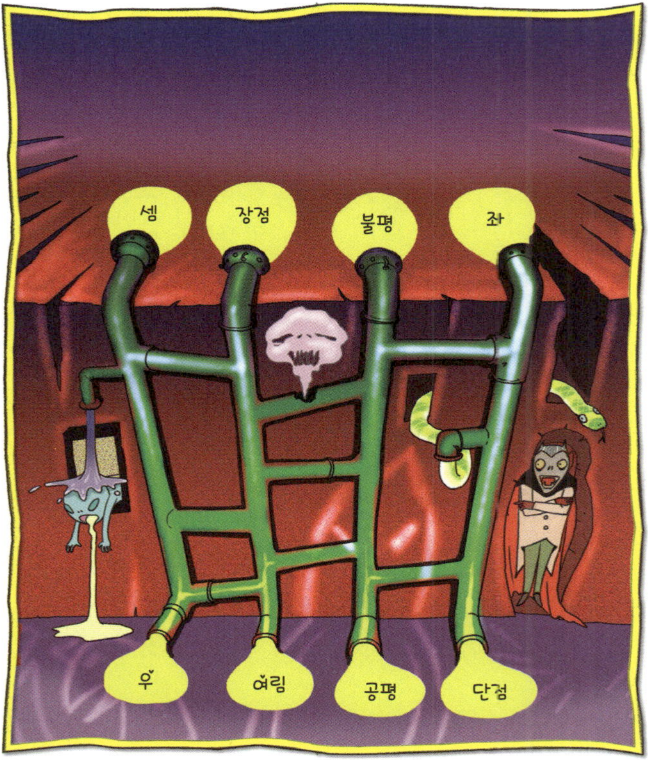

셈 / 장점 / 불평 / 좌
우 / 여림 / 공평 / 단점

정답 : 좌우 / 강약 / 장단점 / 공평

억울한 남편

어떤 부부가 이혼 법정에 섰다.

판사 : 결혼 생활 3년 동안 부인에게 한마디 말도 하지 않았다고요?

남편 : 네.

판사 : 성격이 아주 괴팍하시군요.

남편 : 아뇨, 전 나름대로 최선을 다했습니다. 믿어 주십시오.

판사 : 뭐라고요? 말이 안 되잖아요!

남편 : 제가 말을 안 한 것은 다 이유가 있습니다. 아니 말을 못했던 것입니다. 저 여자의 말을 가로막는다는 것은 도저히 불가능한 일이었거든요.

시간 낭비

아이 1 : 완전 시간 낭비했어.
아이 2 : 무슨 일인데?
아이 1 : 삼촌한테 머리털이 곤두설 만큼 무서운 이야기를 했거든.
아이 2 : 근데 그게 왜 시간 낭비야?
아이 1 : 우리 삼촌, 대머리거든.

농부의 한마디

어떤 건달이 시골길을 걸어가는데 한 농부가 논에서 일을 하고 있었다.
이 건달, 하도 심심해서 그 농부를 놀려 주려고 말을 꺼냈다.
"혹시 원숭이를 가득 실은 트럭이 지나가는 것 보지 못했소?"
"못 봤는데요. 그런데 어쩌다 그 트럭에서 떨어지셨나요?"

오리알을 낳은 암탉

아주 사이가 좋은 암탉
과 수탉이 있었다.
그런데 어느 날 아침
주인이 닭장에 가 보니
수탉이 계속해서 암탉을 쪼아 대고 있
었다.
보다 못한 주인이 수탉을 쫓아내고 닭
장에 들어가 보았다. 닭장을 둘러본 주
인은 금방 그 원인을 알아냈다.
암탉이 오리알을 낳았던 것이다.

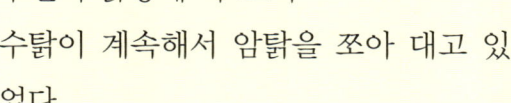

이발소에서

이발사가 면도를 해 주다가 손님의 목을 두 번이나 베었다. 이발사는 죄송하다며 연신 사과를 했다.
그러자 손님이 차분히 말했다.
"물 한 잔만 주시오."
"물은 뭐 하시게요?"
이발사가 어리둥절한 표정으로 물었다.
그러자 손님이 말했다.
"내 목이 새는지 안 새는지 알아봐야 할 것 아니오!"

결혼할래?

노처녀 A : 아휴, 골치 아파 죽겠어. 나만 보면 '결혼할래?' 하고 졸라대는 사람이 두 명이나 있어.

노처녀 B : 어머, 정말? 잘됐다. 둘 중에 한 명 골라서 얼른 결혼해. 그런데 어떤 사람이니?

노처녀 A : 응, 한 명은 우리 엄마이고, 한 명은 우리 아빠야.

부인의 핑계

외제를 무척 좋아하는 부인이 국산 밥솥에 밥을 하다 태웠다.

남편 : 왜 자꾸 밥을 태우는 거야?

부인 : 내가 국산은 안 좋다고 했잖아요.

그래서 남편이 외제 밥솥을 사다 주었다. 그런데 또 밥을 태웠다.

남편 : 외제 밥솥인데 또 밥을 태웠어?

부인 : 하여튼 국산 전기는 문제라니깐.

백만 명의 기절

나폴레옹이 백만 명의 군인을 이끌고 알프스 산을 넘게 되었다.
온갖 고생 끝에 산의 정상에 섰을 때, 나폴레옹이 망원경으로 사방을 둘러본 후 한 마디 하자 백만 명이 모두 기절했다.
나폴레옹 : 이 산이 아닌가벼.

다시 산을 내려와 죽을 고생을 하며 다른 산으로 올라갔다.
그런데 이번에도 나폴레옹이 한마디 하자 백만 명이 모두 기절해 버렸다.
나폴레옹 : 아까 그 산이 맞는가벼.

불치병

아들이 병에 걸렸다. 부모님이 의사를 모셔 왔다.
의사 : 죄송합니다. 제가 고칠 수 없는 병입니다.
어머니 : 아이고, 아들아! 흑흑흑.
아버지 : 선생님, 무슨 병입니까?
의사 : 꾀병입니다.

걱정도 병

왕소심이 동네 약국에 들러 약사에게 물었다.
"혹시 이 약국에서 산 약을 먹고 죽은 사람은 없나요?"
"그런 일은 전혀 없습니다."
"정말입니까?"
"정말입니다."
"으음, 그럼 됐습니다. 1회용 밴드 하나만 주세요."

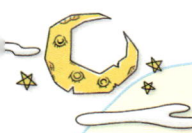

게으른 주인

한밤중에 하인이 주인 방에 들어와서 자고 있는 주인을 흔들어 깨웠다.
"주인님, 도둑이 들었나 봅니다. 어서, 어서 일어나세요!"
주인은 이불을 뒤집어쓰며 귀찮은 듯이 말했다.
"가서 주인 안 계시다고 그래."

말썽꾸러기

말썽꾸러기 아들을 둔 아버지가 학교에서 돌아온 아들에게 물었다.
아버지 : 오늘은 말썽 부리지 않았니?
아들 : 네, 아빠.
아버지 : 오호~! 그게 정말이냐?
아들 : 네, 오늘은 하루 종일 복도에 나가서 벌을 서느라 말썽 부릴 시간이 없었어요.

요즘 젊은 사람들

한 할머니가 버스 정류장에서 버스를 기다리며 요즘 젊은 사람들에 대한 불만을 이야기했다.
"말세야, 말세. 여자가 저런 옷을 입다니! 남자가 입는 청바지에다, 남자가 입는 셔츠를 입었어. 머리는 또 어떻고. 저게 남자 머리지, 여자 머리인가? 쯧쯧, 저래 가지고서야 어떻게 저 사람이 여자인지 알아보겠어. 안 그래요?"
할머니는 옆에 있는 모르는 사람에게 동의를 구하듯 말했다.

그러자 그 사람이 심드렁하게 말했다.
"아, 알아볼 수 있지요. 저 앤 내 딸이니까요."
할머니는 당황해서 얼른 사과를 했다.
"아이고, 미안해요. 난 댁이 저 애 아버지인 줄 몰랐어요."
그러자 그 사람이 정색을 하며 말했다.
"할머니, 난 저 애 아버지가 아니라, 저 애 엄마라고요!"

연상 게임 1

냉장고에 코끼리를 집어넣는 3단계 방법은?

1단계 : 냉장고 문을 연다.

2단계 : 코끼리를 넣는다.

3단계 : 냉장고 문을 닫는다.

연상 게임 2

냉장고에 기린을 넣는 4단계 방법은?

1단계 : 냉장고 문을 연다.

2단계 : 코끼리를 꺼낸다.

3단계 : 기린을 넣는다.

4단계 : 냉장고 문을 닫는다.

배꼽 빠지게 웃긴코너

위 그림을 본 뒤 아래 그림에서 다른 곳 4군데를 찾아봐!
너무 심각한 표정 짓지 말고 좀 웃으며 찾아보라고! 스마일~!

 : 답은

위 그림을 본 뒤 아래 그림에서 다른 곳 3군데를 찾아봐!
어렵지 않지? 그러니 좀 웃어. 김치~ 치즈~ 스마일~!

물가와 성적

아빠 : 물가가 하늘 높은 줄 모르고 오르네. 생필품값, 채소값, 음식값……. 뭣 좀 내리는 건 없나?

아들 : 있어요, 제 성적요.

섭섭함

싫어하는 이모 한 분이 집에 오셔서 며칠 동안 계셨다.
어느 날 이모가 말씀하셨다.
이모 : 나 내일 간다. 섭섭하지?
아이 : 네, 섭섭해요. 전 이모가 오늘
　　　　가시는 줄 알았거든요.

식사 전 기도

한 남자가 정글에서 사자를 보고는 그 자리에서 기절해 버렸다.
잠시 후 눈을 떠 보니 사자가 무릎을 꿇고 기도를 드리고 있었다.
남자는 감격해서 말했다.
"나를 먹어 치우지 않아 고맙습니다."
"조용히 해. 식사 전 기도 중이니까."

기절 이유

남자아이가 여자 친구의 편지를 읽다가 그만 기절을 하고 말았다.
왜 그랬을까?

답 : 편지에 쉼표와 마침표가 없어서

나쁜 아빠

아들 : 아빠는 왜 동물을 학대하세요?
아빠 : 내가 동물을 학대하다니?
아들 : 아빠는 '닭을 친다, 돼지를 친다, 오리를 친다, 토끼를 친다'고 하시잖아요. 동물이란 동물들은 다 친다고 하니 그게 동물 학대가 아니고 뭐예요?

탁구

엄마와 아빠가 탁구를 치기로 했다. 탁구공은 엄마가, 탁구 라켓은 아빠가 가져오기로 했다.
그런데 엄마와 아빠는 서로 먼저 공격을 하겠다고 옥신각신하다가 반나절을 보내 버렸다.
마침내 동전을 던져서 순서를 정하기로 합의를 하고, 동전을 던졌다.
그때 엄마가 비명처럼 한마디를 했다.
"앗! 탁구공 안 가져왔어요!"

학교에 가야 하는 이유

아들 : 엄마, 나 학교 가기 싫어요.
엄마 : 안 돼! 넌 학교에 가야 해. 모든 선생님들이 네가 학교에 오기를 얼마나 기다리고 있는데!
아들 : 왜요?
엄마 : 네가 그 학교의 교장이니까.

건망증

어떤 사람이 회전문이 설치된 빌딩을 오전 내내 계속 들락날락했다. 이를 지켜보던 수위가 달려왔다.
"아니, 왜 자꾸 왔다 갔다 합니까?"
그러자 그 사람이 머리를 긁적이며 말했다.
"제가 건망증이 심해서, 건물을 들어가려고 했는지 나오려고 했는지 자꾸 잊어버려서요."

구두쇠와 노랭이

국어책을 가지고 공부하던 아이가 아버지에게 와서 말했다.
"아버지, 어려운 말이 있어요. 설명 좀 해 주세요."
"무슨 말인데 그러니?"
아버지가 반가운 표정을 지으며 물었다.
"여기 구두쇠라는 말이 있는데요, 구두쇠하고 노랭이는 어떻게 달라요?"

"그건 말이야, 내가 유행이 지나간 양복을 입고 다니면 엄마는 나더러 멋쟁이 구두쇠라고 할 거야. 그렇지만 엄마가 사고 싶어 하는 코트를 내가 못 사게 하면 엄마는 나더러 노랭이라고 화를 낼 거야. 이런 게 바로 구두쇠와 노랭이의 차이란다."

몰래 본 편지

아내가 심각한 표정으로 남편에게 말을 했다.
"당신, 지난 금요일에 편지 한 장 받았죠? 내가 슬쩍 봤더니 편지를 보고 얼굴이 창백해지더니 진땀까지 흘리던데 도대체 무슨 편지예요?"
"아, 그거. 난 그 얘기를 꺼내지 않는 것이 서로에게 좋다고 생각했기 때문에 입을 다물었는데……."

부인이 기가 막힌다는 표정으로 소리쳤다.
"혹시 여자한테서 온 거예요? 솔직히 말해요!"
부인이 화를 내며 소리를 치자, 남편이 조용히 말했다.
"좋아, 그럼 말하지. 그건 당신의 단골 옷가게에서 온 편진데, 당신 옷값이 5백만 원이나 밀려 있으니 빨리 갚으라는 편지였소."

앞문 닫아

수업종이 울리자 잘생긴 남자 선생님이 들어왔다.
그런데 선생님의 바지 지퍼가 열려 있었다.
그것도 모르고 선생님은 열심히 수업을 하셨다.
여학생 : 선생님……. 앞문 열렸어요.
선생님 : 아, 그래? 자, 맨 앞사람 가서 앞문 닫아!

흰 머리카락

아들 : 아빠, 왜 흰 머리카락이 나요?
아버지 : 네가 하도 속을 썩여서 그래.
아들 : 그럼 아빠는 어렸을 때 엄청 말썽쟁이였나 보다.
아버지 : 왜?
아들 : 할아버지 머리는 온통 흰 머리카락이잖아요.

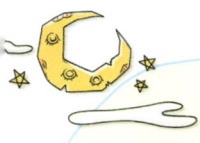

569번

평생을 산골에서만 살다 딸네 집을 찾아 처음으로 서울에 온 할아버지가 서울역에서 머뭇거리고 있었다.

할아버지 : 총각, 잠실 운동장 가려면 무슨 버스를 타야 하지?

총각 : 569번을 타세요.

할아버지 : 예끼, 고얀 놈. 버스를 한 번 타기도 힘든데 오백예순아홉 번이나 타라고?

편지

철수 : 순희야! 뭐 하니?
순희 : 편지 쓰고 있어.
철수 : 누구한테 쓰는데?
순희 : 내 짝한테.
철수 : 그런데 왜 글씨를 그렇게 늦게 쓰니?
순희 : 응, 내 짝은 글씨를 빨리 읽지 못하거든.

동서양의 차이

추석이라 깔깔이네 가족은 음식을 정성스럽게 준비해서 할아버지 산소에 성묘를 갔다.

음식을 차려 놓고 절을 하는 깔깔이네 가족 옆에는, 미국인 가족들이 조상의 무덤 앞에 꽃다발을 놓고 묵념을 하고는 금방 일어섰다.

미국인 가족의 꼬마가,

"파파, 저렇게 음식을 차려 놓으면 죽은 사람이 와서 먹어요?"

미국인 아버지가 비웃는 표정으로,

"글쎄, 와서 먹으니까 저렇게 차려 놓을 테지."
그러고는 깔깔이 아빠에게 물었다.
"무덤 속에 있는 당신의 조상은 언제 그 음식을 먹으러 오시나요?"
이 말을 들은 깔깔이 아빠는 화가 나서 얼굴이 붉으락푸르락해졌다.
이때 깔깔이가 점잖게 한마디 했다.
"당신의 조상이 그 꽃 냄새를 맡으러 올 때쯤이면 오시겠죠."

성미 급한 사람들이 빨리 뜨기를 바라지만
눈에 보이지 않는 달은?

이런 문제쯤이야 누워서 떡 먹기지!
그렇다고 잘난 척은 하지 마. 모르는 친구도 있을걸?

정답 : 안달

그림을 잘 보고 60초 안에 끝말잇기를 완성해 봐!
60초를 넘기면 빨간 망토의 마법이 시작돼!

정답: 1. 야구장-장화-화장실 / 2. 배달-달나라-지구

오해를 풀려고

"내가 노래 연습을 할 때마다 왜 베란다로 나가죠?"
"사람들에게 오해를 사지 않으려고."
"오해라니요?"
"당신 노랫소리를 들은 사람들이 내가 당신을 때리는 줄 오해할까 봐."

감자의 눈

친구 : 아니, 여보게! 왜 감자 옆에다가 쭉 양파를 심는 건가?
농부 : 양파는 매우니까 감자 눈에서 눈물이 나올 것 아닌가. 그러면 가뭄 걱정을 안 해도 될 것 같아서. 어때, 나 좀 똑똑하지?

좋은 낚시터

어느 날 정신병 환자가 변기에서 낚시를 하고 있었다.
이를 본 담당 의사가 말을 걸었다.
의사 : 고기가 잘 잡힙니까?
환자 : 아니, 당신 미쳤소? 변기에 무슨 고기가 있소?
의사 : 아! 드디어 정신이 돌아왔군요.

의사가 기뻐하며 돌아가자 환자가 회심의 미소를 지으며 한마디 했다.

환자 : 큭큭, 하마터면 좋은 낚시터를 빼앗길 뻔했어!

효과 없는 화장품

여섯 살짜리 딸이 얼굴에 크림을 바르는 엄마를 보고 물었다.
"엄마, 그게 뭐야?"
"응, 이건 얼굴을 예쁘게 해 주는 화장품이야."
잠시 후 엄마의 얼굴을 한참 살펴본 딸이 하는 말,
"엄마, 그거 쓰지 마. 효과 하나도 없어."

벨 때문에

화가 난 부인이 전파사에 뛰어들어와 말했다.
"아뇨, 벨을 고칠 사람을 보내 달라고 몇 번이나 연락했는데, 왜 여태 안 보내 줘요?"
그러자 전파사 사장이 말했다.
"아까 댁으로 기사를 보냈는데, 아무리 벨을 눌러도 사람이 나오지 않아 그냥 돌아왔다고 합니다."

마찬가지다

어떤 서울 사람이 광화문에서 웬 누더기를 입은 노인을 보고 깜짝 놀랐다. 노인은 바로 경상도에서 최고 부자로 소문난 사람이었기 때문이다.

"소문난 부자가 이게 무슨 꼴입니까?"

그러자 부자 노인이 아무렇지도 않다는 듯 대답했다.

"여보게, 서울 사람들이 내가 누군지 모를 텐데 비단옷을 입든 누더기를 입든 무슨 상관이겠나."

서울 사람은 부자 노인의 말에 깊은 감명을 받았다.
얼마 뒤, 서울 사람은 경상도로 출장을 갔다가 길에서 우연히 또 그 부자 노인을 만났다. 노인은 여전히 누더기를 걸치고 있었다.
"아니, 여전히 누더기 차림이시네요?"
그러자 부자 노인은 이번에도 아무렇지 않게 대답했다.
"여기선 내가 부자라는 걸 다 알고 있는데, 구태여 티를 낼 필요가 있겠나."

시험에 들지 않게 하옵시며

주차 때문에 화가 치민 청년 하나가 주차 금지 구역에 주차를 시키며 다음과 같은 메모를 써서 유리에 붙여 놓았다.

경찰관 귀하,
나는 이 주변을 이십 바퀴나 돌았으나 주차할 곳을 찾지 못했습니다. 나는 이곳에서 중요한 약속이 있는데 그 약속을 지키지 않으면 직업을 잃게 됩니다. 나의 죄를 사하여 주옵소서.

용무를 다 마치고 돌아와 보니 다음과 같은 쪽지가 그의 쪽지 옆에 나란히 붙어 있었다.

차주에게,
나는 이 주변을 이십 년간이나 돌았습니다. 그리고 만약 내가 위반 딱지를 떼지 않으면 나 또한 내 직업을 잃게 됩니다. 그러니 나를 시험에 들지 않게 하옵소서.

있수깡

제주도에 사는 한 어린이가 서울에 와서 과자를 사러 가게에 갔다.
어린이 : 과자 있수깡(과자 있습니까?)
주인 : 새우깡은 있는데 '있수깡'은 없다.

칼이 없어

딸이 소꿉놀이를 하고 있는데, 엄마가 딸의 가게로 물건을 사러 왔다.
엄마 : 배추 얼마예요?
딸 : 오백 원입니다.
엄마 : 너무 비싸네요. 깎아 주세요.
딸 : 깎아 주고 싶은데 칼이 없네요.

꼬리를 흔드는 이유

영희 : 너, 돼지가 왜 꼬리를 흔드는지 알아?
철희 : 간지러워서 그러겠지.
영희 : 아니야, 돼지 꼬리가 돼지를 흔들지 못하기 때문이야.

수업 시간

공부 시간만 되면 조는 아이를 선생님이 꾸짖었더니, 아이가 변명을 했다.
"어젯밤에 꿈을 꾸어 피곤해서 그래요."
"꿈을 꾸어서 피곤하다니?"
"꿈에 축구 선수로 뛰었거든요."

독신을 고수하라

아들이 약혼했다는 소식을 들은 어머니가 축하의 편지를 썼다.

사랑하는 아들아,
참으로 기쁜 소식이로구나. 네 아버지와 나는 네가 그토록 행복하게 된 것을 무척 기뻐하고 있단다. 네가 훌륭한 여성과 결혼하는 것을 우리는 가장 큰 소원으로 바라고 있었어. 훌륭한 여인은 남자에게 가장 귀중한 하늘의 선물이란다. 아내는 남편의 가장 귀한 일을 할 수 있는 내조자요, 조언자며, 모든

악한 일을 막는 방패이며, 약해졌을 때 붙들어 주는 지주와도 같은 것이며, 가장 사랑스런 존재란다.   -엄마로부터

그런데 편지 끝에 급히 쓴 듯한 추신이 달려 있었다.

네 엄마가 우표를 사러 간 사이 얼른 적는다. 사랑하는 아들아, 독신을 고수해라. 이 젊은 바보야! 너는 결혼이 얼마나 고통스러운지 모르고 있어!   -아버지로부터

사다리

꼬마 세 명이 과자 가게에 들어갔다.
첫 번째 꼬마가 가게 주인한테 높은 선반 꼭대기에 올려놓은 박하사탕 50원어치를 달라고 했다.
주인아저씨는 뒷문으로 나가 높은 사다리를 들고 와서 박하사탕을 주고, 다시 사다리를 갖다 놓고 왔다.
가게 주인은 두 번째 꼬마에게 물었다.
"넌 뭘 줄까?"
"박하사탕 500원어치요."

호박 줄기

바람 부는 날, 한 노총각이 술에 취해 횡단보도 앞에 서 있는데, 멀리서 아주 예쁜 아가씨가 걸어왔다.
그때 갑자기 세찬 바람이 불어와 노총각의 어깨에 걸려 있던 넥타이가 땅에 떨어졌다.
예쁜 아가씨가 다가와 넥타이를 주으며 하는 말,
"어머나! 여기 호박 줄기 떨어졌어요."

1. 사촌이 논을 샀다면 어디가 아플까?
   (힌트 : 사촌이 땅을 사면 배가 아프다.)

2. 부엌에 칼이 없는 집은?
   (힌트 : 대장장이 집에 칼 없다.)

3. 사람이 죽은 후에 쓸모없는 것은?
   (힌트 : 사후 약방문)

4. 하룻저녁에 천 리를 갈만큼 빠른 것은?
   (힌트 : 발 없는 소문 천 리 간다.)

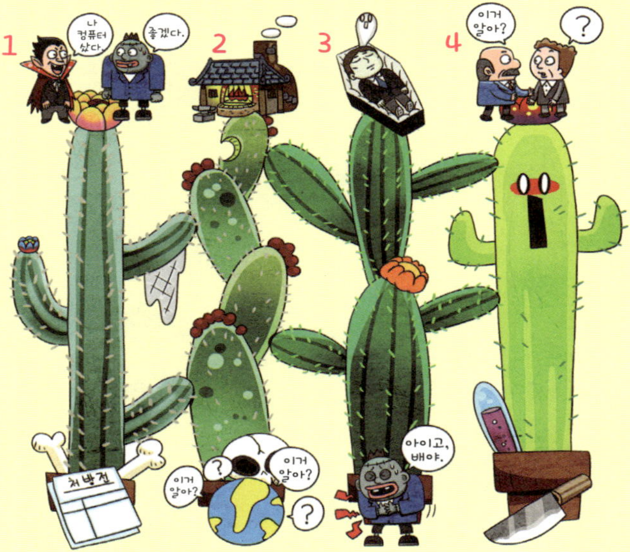

정답 : 1. 배 2. 대장장이 집 3. 처방전 4. 소문

남의 눈으로 먹고사는 사람은?
크크크, 이런 문제 정말 쉽지? 웃자고 웃어!

정답 : 간장 아저씨

효자

"경찰 아저씨! 어서요, 빨리빨리 가세요. 우리 아빠가 주정꾼들하고 30분 동안이나 싸움을 하고 있어요."
"얘야, 왜 진작 신고하지 않았니?"
"조금 전까지는 우리 아빠가 이기고 있었거든요!"

병원에 간 사오정

말귀가 어두운 사오정이 고민 끝에 귀 수술을 받았다. 수술은 잘 끝났다.
며칠 뒤 의사 선생님이 긴장된 표정으로 사오정의 귀에 있는 붕대를 풀었다.
의사 : 이제 잘 들립니까?
사오정 : 아니요, 안 보여요!

닭이 먼저냐 달걀이 먼저냐

여자아이와 남자아이가 심각한 얼굴로 식당에 들어왔다.
"어서 오세요, 주문하시겠어요?"
그러자 여자아이와 남자아이가 동시에 외쳤다.
"닭튀김이요! 계란 부침이요!"
"이쪽 손님은 달걀부침, 그리고 이쪽 손님은 닭튀김. 잠시만 기다리세요."

웨이터가 주문서에 받아 적고 돌아서는데 다시 둘이서 입을 모아 외쳤다.
"공평하게 해 주셔야 돼요."
의아하게 돌아보는 웨이터에게 여자아이가 말했다.
"우리는 지금 달걀이 먼저냐, 닭이 먼저냐 내기를 했거든요."

채소 삼행시

고 : 고 녀석이 말입니다, 행님.
구 : 구라를 칩니다, 행님.
마 : 마시(맛이) 갔습니다, 행님.

감 : 감히 어떤 녀석이 구라를 쳐?
자 : 자바 와!

홍 : 홍 씨라고 들었습니다, 행님.
당 : 당랑권을 좀 한다고 들었습니다, 행님.
무 : 무리가 아닙니까, 행님?

토 : 토라지셨습니까, 행님?
마 : 마음을 좀 가라앉히십쇼, 행님.
토 : 토요일에 데리고 오겠습니다, 행님.

배 : 배신을 때리는구나, 니가!
추 : 추잡한 놈, 후회는 없냐?

도 : 도라 버리겠네. 덤비십시오, 행님.
라 : 라면 사건 땜에 열 받았는데 잘됐다!
지 : 지가 행님이면 다야?

가나다 삼행시

가 : 가시면 안 됩니다, 행님!

나 : 나가 안 가면 우리 아그들이 죽는다.

다 : 다시 생각해 보십시오. 너무 위험합니다, 행님.

라 : 라디오에서 나오는 음악처럼 울 아그들 주둥이에서 삐약 소리 들리는구나.

마 : 마음대로 하십시오, 행님 생각이 정 그러시다면 따르겠습니다.

바 : 바보 같은 자슥! 나 후딱 갈란다.

사 : 사기가 높으십니다, 행님.

아 : 아차! 깜빡했구나!

자 : 자가용을 두고 갈 수야 없지.

차 : 차 키는 어디 있냐? 아그야.

카 : 카(car) 말씀이십니까? 밥값 없어 어제 팔았잖습니까, 행님.

타 : 타고 갈게 없제, 그라믄?

파 : 파랗게 질리도록 뛰어가셔야 합니다, 행님.

하 : 하하하, 안 갈란다, 그라믄.

아이스크림 삼행시

누 : 누가바 사 왔습니다요, 행님.
가 : 가서~
바 : 바밤바로 바꿔 와라, 아그야.

바 : 바밤바 사 왔습니다, 행님.
밤 : 밤새 생각을 해 봤는디, 아그야~.
바 : 바밤바가 아니고 비비빅인가 보다.

가족 삼행시

할 : 할머니~,
머 : 머더가 뭐예요?
니 : 니 에미다.

아 : 아빠를 영어로 하면
빠 : 빠덜.

엄 : 엄마를 영어로 하면
마 : 마덜.

음식 삼행시

깐 : 깐풍기가 왔습니다, 행님.
풍 : 풍기는 냄새가 죽입니다, 행님.
기 : 기가 막힙니다, 행님.

수 : 수제비가 불었습니다, 행님.
제 : 제발 살려 주십쇼, 행님.
비 : 비싼 건데 죄송합니다, 행님.

낙 : 낙지전골입니다, 행님.
지 : 지가 먼저 맛을 보겠습니다, 행님.
전 : 전, 절대 미각 소유자입니다, 행님.
골 : 골 때리게 맛있습니다, 행님.

동물 삼행시

개 : 개구리야,
구 : 구렁이가 널 좋아한대!
리 : 리쁜 건 알아 가지고!

해 : 해파리야,
파 : 파리가 널 좋아한대.
리 : 리얼리?

한 초등학생의 글짓기

초등학교 글짓기 시간이었다.
선생님이 학생들에게 글짓기 주제로 '~라면 ~겠다.'를 내 주었다.
"내가 대통령이라면 정치를 잘하겠다."
"내가 여자라면 당장 여탕에 가겠다."
이런 글들이 즐비하게 나왔다.
그런데 전혀 예상하지 못한 엉뚱한 글도 나왔다. 그것은 바로,
"컵라면 맛있겠다."

아니, 왜 꺼?

사오정과 손오공이 짜장면을 먹으며 텔레비전을 보고 있었다.
텔레비전이 엄청 재미있어서 사오정과 손오공은 화면에서 눈을 떼지도 않고 짜장면을 급하게 먹어 치웠다.
그런데 급히 짜장면을 먹은 손오공, 참지 못하고 "꺼억!" 트림을 하고 말았다.
그러자 사오정이 하는 말!
"우~씨, 재밌는데 왜 꺼!"

동화의 악영향

홍길동전 : 청소년의 잦은 가출

잠자는 숲 속의 공주 : 공주병의 원인

백설 공주 : 과도한 보디가드 채용

흥부전 : 가족계획에 대한 반항

금도끼 은도끼 : 지나친 선물의 위험

혹부리 영감 : 외모 집착 성형 수술 실태

무서운 할머니

매일 부부 싸움을 하며 살던 노부부가 있었다. 할아버지는 싸울 때마다,
"내가 죽으면 무덤을 파고 나와서 당신 죽을 때까지 따라다닐 거야!"
라고 말했다. 이웃들은 할아버지가 저주의 마법을 연습한다고 두려움에 떨며 살았다.
어느 날, 할아버지가 죽자 할머니는 간단히 장례식을 치렀다. 그러고 나서 할머니는 아무 걱정 없이 지냈다.

이웃들은 그런 할머니가 걱정되어 조심스레 물었다.
"저, 할머니! 할아버지의 저주가 두렵지 않으세요?"
그러자 할머니가 아주 태연히 말했다.
"안 두려워. 내가 관을 뒤집어 넣어서 그 영감 절대 밖으로 못 나올 거거든."

주례비는 얼마?

한 구두쇠 총각이 결혼을 하게 되었다. 구두쇠 총각은 주례자에게 얼마의 사례비를 드려야 할지 몰라 고민 끝에 물어보았다.

구두쇠 총각 : 사례비는 어느 정도…….

주례자는 자신의 체면도 있고 해서 얼마라는 말은 못 하다가 갑자기 좋은 생각이 떠올랐다.

주례자 : 신부가 예쁜만큼만 주면 되네.

구두쇠 총각 : (밝은 얼굴로 100원을 꺼내)
          여기 있습니다.

주례자: (차마 말은 못 하면서) 음. 알겠네.
결혼식 날이 되어서 주례자는 준비한 주례문으로 무사히 주례를 끝냈다.
그리고 신혼여행을 떠나려는 구두쇠 총각을 불러 다음과 같이 말했다.
주례자: (잔돈을 꺼내며) 여기 가지고 가게나. 거스름돈 90원!

원숭이 나라의 애국가

돈 많은 어느 부자가 노래에 맞춰 춤추는 신기한 원숭이가 있다고 해서 비싼 값에 그 원숭이를 샀다.
집으로 돌아온 부자는 원숭이가 춤추는 것을 보려고 '원숭이 엉덩이는 빠~알게'라는 노래를 불렀다.
하지만 이상하게도 원숭이는 춤을 추지 않았다.

그러자 부자가 화가 나서 말했다.
"야, 원숭아, 왜 춤을 추지 않는 거야?"
그러자 원숭이 왈,
"넌 애국가 나올 때 춤추냐?"

영어 시간

영어 수업 시간에 선생님이 아이들에게 손가락을 펴 보이며 말했다.
"이걸 뭐라고 하지?"
그러자 맨 뒤에서 졸던 아이가
눈을 뜨며 말했다.
"핑거."
선생님이 놀라움을 감추며,
이번에는 주먹을 쥐면서 말했다.
"이건 뭐지?"
그러자 아이가 곧바로 대답했다.
"오무링거."

지하철에서

경상도 사람 두 명이 지하철 안에서 큰 소리로 대화를 하자, 옆에 앉아 있던 서울 사람이 말했다.

"좀 조용히 하세요!"
그러자 경상도 사람이 고개를 홱 돌리며 톡 쏘아붙였다.
"이기 다 니끼다 이기가?"
그러자 서울 사람의 친구가 말했다.
"거봐. 내가 일본 사람이라고 했잖아."

배꼽 빠지게 웃긴 코너

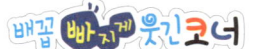

잠만 자는데도 안 먹어 보고 맛이 달다는 걸 알 수 있는 것은?

캬아~. 꿀맛이지. 월요일 아침에는 더더욱 맛이 달지!

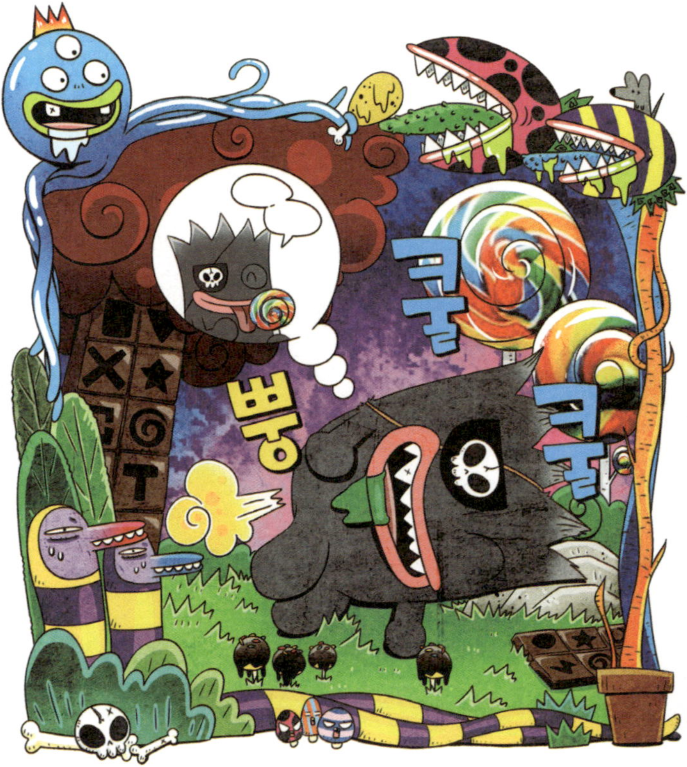

정답 : 꿀잠

그림을 잘 보고 끝말잇기를 완성해 봐!
이런 문제는 한쪽 눈을 감고도 풀 수 있는 문제지!

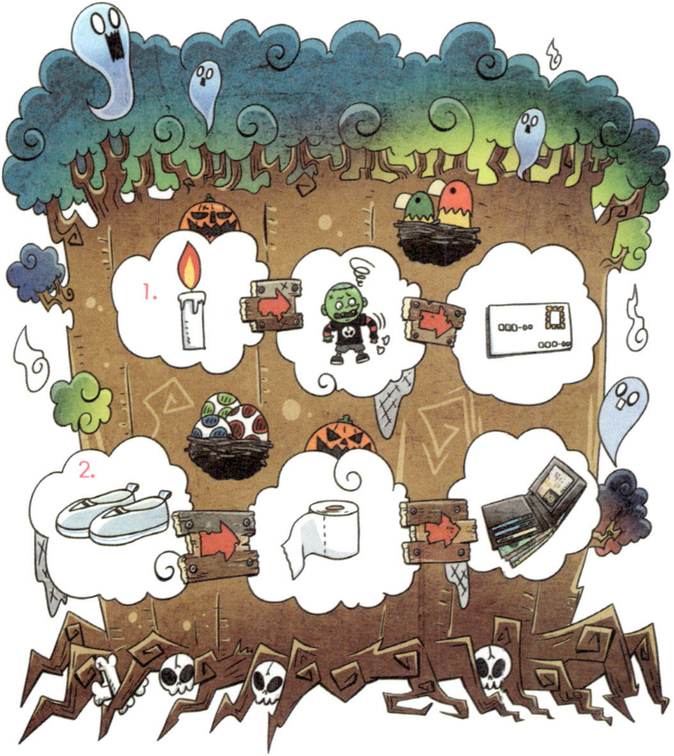